Acte Public

POUR LA LICENCE.

MARIE ESCUDIER,

IMPRIMEUR-LIBRAIRE, RUE SAINT-ROME, 26.

1835.

A mon Père, à ma Mère.

Tendre amour, vive reconnaissance.

ACTE PUBLIC

POUR LA LICENCE,

𝔈n exécution de l'art. 4, tit. 2, de la loi du 22 ventôse, an 12.

SOUTENU PAR

Balsac (Joseph Maurice),

Né à Caumont (Tarn et Garonne).

:Dieu nous a fait naître pour vivre librement en société comme des frères. Les frères se lient entr'eux par des conventions mutuelles, et ces conventions c'est la loi, et la loi doit être respectée et tous doivent s'unir pour empecher qu'on ne la viole parce qu'elle est la sauve garde de tous, la volonté et l'intéret de tous.　　　F. DE LA MENNAIS.

JUS ROMANUM.

LIB. 2, TIT. 1. — *De rerum divisione.*

Rei appellatione, hìc continetur, id omne quod à personis et actionibus distinctum est.

Res sunt in patrimonio, vel extra patrimonium.

In patrimonio, quæ à singulis variis modis acquiri possunt, quâ ratione dicuntur singulorum.

Extra patrimonium, quæ acquiri non possunt. Hæ autem quadruplicis generis sunt : communes jure naturali , ut aer, aqua profluens, mare, littora maris; vel publicæ, ut flumina, portus et ripæ; vel universitatis, ut basilicæ, theatra , stadia; vel nullius , quæ usu , publica sunt; vel proprietate nullius, ut res sacræ quæ per pontifices diis consecratæ sunt; relligiosæ quæ ad sepulturam cadaveris humani pertinent; et sanctæ, ut muri et portæ civitatum.

Res privatæ sunt : quæ jure civili , vel naturali, quisquis sibi acquisivit.

Primus modus acquirendi jure gentium, est occupatio.

Triplex occupationis distinguitur species : venatio , hostilitas, inventio.

Omnes feræ, (quadrupedes , volucres aut pisces) quarum libertas numquam adempta est, vel quæ captæ, pristinam libertatem occupavêre, jure gentium nostræ fiunt. Nec interest in nostro, vel in alieno fundo eas occupaverimus.

Illæ enim quæ ab hostibus capimus occupatione bellicâ, aliud est genus jure gentium.

Altera occupationis species est inventio; per eam acquirimus quoque res nullius, et præcipuè capillos, et gemmas sicut ea quæ in littore invenimus.

CODE CIVIL.

Liv. iii. Tit. ii. — *Des donations entre vifs et testamens. Dispositions générales.*

On distingue deux manières de disposer de ses biens : à titre gratuit et à titre onéreux.

Il y a disposition à titre onéreux, lorsque le donateur impose au donataire une charge ; par exemple de payer une somme à la libération du donateur.

La disposition à titre gratuit, est au contraire celle dont le disposant n'impose à l'autre partie aucune espèce de charge. C'est de cette dernière seulement que nous avons à nous occuper ici.

Nous ne reconnaissons aujourd'hui que deux manières de disposer à titre gratuit : par donation entre vifs, et par testament, telle est la disposition formelle de l'art. 893 ; disposition qui a fait disparaître une autre espèce de donation, qu'on appelait dans l'ancienne jurisprudence, donation à cause de mort.

La donation entre vifs est un acte par lequel le donateur se dépouille actuellement et irrévocablement de la chose donnée en faveur du donataire qui l'accepte.

Il résulte de cette définition, que le principal caractère de la donation est le dépouillement actuel du donateur; en effet, donner et retenir ne vaut, et il faut que dès l'instant de l'acceptation le donataire soit saisi de droit.

Le donateur doit aussi se dessaisir irrévocablement, car la donation opère pour toujours le changement de propriété, et le donateur qui s'est une fois lié, ne peut plus rompre le contrat.

Une dernière condition, c'est l'acceptation formelle par le donataire, car le donateur n'est lié que du moment de l'acceptation. Sa signature apposée à l'acte de donation ne serait pas suffisante pour remplir le vœu de la loi, toutefois le mot *accepté* n'est pas sacramentel, et il peut être remplacé par des équipollens.

Le testament est un acte, par lequel le testateur dispose, pour le temps où il n'existera plus, de tout ou partie de ses biens, et qu'il peut révoquer.

A la différence de la donation, le testament est essentiellement révocable, le testateur peut changer les dispositions testamentaires,

il ne peut même s'interdire ce droit, il ne se dépouille pas comme
le donateur, il ne dépouille que ses héritiers,

Les donations entre vifs et testamentaires sont sujettes à toutes
sortes de conditions qu'il plaît au donateur d'imposer. Cependant
l'art. 900 apporte quelque restriction à ce principe. Ainsi les conditions qui seraient contraires aux lois ou aux mœurs, sont réputées
non écrites. Les conditions impossibles sont aussi regardées comme
si elles n'existaient pas. Remarquez cependant que toutes ces conditions, quoique énumérées dans le contrat, ne peuvent pas annuler
ces dipositions, elles sont seulement regardées, dit la loi, comme
non écrites.

De la capacité de disposer ou de recevoir par donation entre vifs ou
par testament.

Parmi les nombreuses différences qui existent entre les donations
et les testamens, il en est une qui doit occuper le premier rang.
Je veux parler de la capacité. Dans les donations entre vifs, le
donataire doit être conçu lors de la donation, si l'acceptation a lieu
dans le même acte; il suffit qu'il le soit lors de l'acceptation, si
elle a lieu par acte séparé.

Mais s'il s'agit d'une disposition testamentaire, il suffit que celui
en faveur de qui elle est faite, soit conçu à l'époque du décès du
testateur. La raison de cette différence, c'est qn'il est de l'essence de
la donation d'être irrévocable, et qu'elle saisisse à l'instant celui en
faveur de qui elle est faite; tandis que le testament de sa nature
révocable ne peut avoir d'effet qu'au moment de la mort du
testateur.

Les incapacités de donner ou de recevoir sont absolues ou relatives;
absolues, lorsqu'elles empêchent de donner à qui que ce soit; relatives, si la prohibition n'existe qu'en faveur de quelques individus.

Toute disposition de l'homme, doit être un effet de sa volonté libre et réfléchie ; aussi a-t-elle voulu que pour faire une disposition entre vifs ou par testament, il faut être sain d'esprit. La loi n'admet aucune présomption contraire, c'est à celui qui veut l'attaquer à prouver l'incapacité.

Tout le monde en général peut disposer et recevoir soit par donation entre vifs, soit par testament ; mais il y a certaines personnes, auxquelles la loi a interdit cette faculté. Nous remarquerons d'abord le mineur âgé de moins de 16 ans. Comme à cet âge sa raison n'est pas assez développée, il ne peut être capable de disposer de sa fortune, il faut cependant en excepter le cas où il voudrait contracter mariage. Dès lors la maxime du droit romain doit être appliquée, *habilis ad nuptias, habilis ad matrimonii consequentias*. La loi lui permet alors de faire par contrat de mariage une donation à l'autre époux, soit simple, soit réciproque et de la même manière que pourrait le faire un majeur. Mais dans cette exception, la loi toujours attentive, pour empêcher que le mineur ne devienne victime de son inexpérience, a voulu s'entourer de ceux dont le consentement est requis pour la validité de son mariage.

Quant au mineur parvenu à l'âge de 16 ans, la loi lui permet seulement de disposer par testament, et jusqu'à concurrence de la moitié des biens qu'il pourrait donner s'il était majeur.

La femme même non commune ou séparée de biens, ne peut donner entre vifs sans l'assistance ou le consentement spécial de son mari, ou de la justice. Ce serait blesser en effet la puissance maritale si la femme qui ne peut aliéner sans son consentement, pouvait disposer par donation entre vifs. Mais elle peut toujours disposer par testament, parce qu'il n'a d'effet qu'à la mort de celle-ci, moment où la puissance maritale cesse d'exister.

Pour recevoir, comme pour disposer, il faut nécessairement exister. Nous ferons une distinction entre les donations entre vifs, et les testamens. Pour que l'enfant puisse recevoir entre vifs, il suffit qu'il soit conçu au moment de la donation ; pour qu'il puisse recevoir par testament , il suffit qu'il soit conçu à l'époque du décès du testateur.

Comme la loi exige avant tout que la volonté du disposant soit libre et exempte de toute violence ou d'empire , elle a défendu aux tuteurs de rien recevoir des mineurs avant que le compte de tutelle n'ait été rendu et apuré. Il faut cependant faire une exception en faveur des tuteurs ascendans ; dans ce cas c'est plus le sentiment d'affection qui doit se présumer dans l'auteur de la disposition que la crainte de toute idée de suggession. Cette incapacité étant restreinte à l'égard du tuteur , elle ne peut pas être étendue aux subrogés tuteurs , ni aux curateurs.

Les médecins , pharmaciens et officiers de santé qui traitent les malades, les ecclésiastiques qui leur administrent les secours de la religion , pouvant par l'exercice de leur état exercer une grande influence sur leur volonté , le législateur a cru devoir annuler toute disposition qu'il leur serait faite pendant la maladie dont le disposant serait décédé , et pendant laquelle ils l'auraient traité. Mais cette sévérité de la loi a dû cependant céder à quelques circonstances. Elle ne pouvait interdire une juste récompense ; aussi a-t-elle établi deux exceptions. D'abord pour les dispositions rémunératoires faites à titre particulier , pourvu qu'elles soient proportionnées aux facultés du disposant et aux services rendus. Et ensuite pour les dispositions universelles, et par conséquent pour celles à titre universel, lorsque celui qui doit en profiter est parent en ligne collatérale jusqu'au quatrième degré inclusivement.

Sous l'ancienne jurisprudence , on ne pouvait disposer au profit d'un étranger , mais aujourd'hui cette prohibition n'existe plus , et la nouvelle loi a déclaré qu'un étranger est aussi capable de recevoir en France qu'un français.

Toute disposition faite au profit d'un incapable, soit qu'on l'a déguise sous la forme d'un contrat à titre onéreux, soit qu'on la fasse sous le nom de personnes interposées est nulle. Mais cela ne suffit pas pour prévenir les fraudes. Un père naturel, un malade auraient pu faire une donation à un incapable sous la fausse apparence d'une vente, d'un emprunt, il a donc fallu déclarer nulles toutes ces dispositions. Mais pour éviter l'arbitraire il fallait faire connaître les personnes qu'on pouvait supposer interposées. L'art. 911 nous les fait connaître. Dans aucun autre cas la fraude n'est présumée, et c'est à celui qui l'allègue de la prouver, il peut le faire par tous les moyens reçus en justice.

De la portion des biens disponibles.

L'homme en devenant père et la femme en devenant mère, contractent des obligations envers leur postérité; la nature leur impose des devoirs sacrés qu'il ne leur est pas permis de méconnaître, aussi la loi a-t-elle voulu conserver aux enfans une partie de ce patrimoine que des pères quelquefois égarés par leurs passions pourraient disposer en faveur de quelque étranger. C'est cette partie que nous appelons réserve ou bien encore légitime, mais cette réserve varie en raison du nombre et de la qualité des personnes auxquelles elle est due.

L'art. 913 fixe la réserve à la moitié des biens du disposant, s'il ne laisse qu'un enfant légitime; aux deux tiers, s'il y en a deux; et aux trois quarts s'il y en a trois ou un plus grand nombre. Le surplus des biens forme la portion disponible. Il faut observer cependant que les petits enfans ne sont comptés que pour ceux qu'ils représentent. — La loi a voulu qu'à défaut de postérité les ascendans pussent aussi avoir une réserve. C'est sur la réciprocité des droits et des devoirs des enfans légitimes et ceux qui leur ont donné le jour, que le nouveau législateur l'a fixée. Mais elle ne varie pas comme celle des enfans, il faut seulement examiner s'il y a des ascendans dans les deux lignes ou seulement dans l'une d'elles. Dans le premier cas, la portion disponible est de la moitié des biens, elle sera des trois quarts pour le second cas.

Mais si le défunt laisse des frères ou sœurs en concours avec des ascendans, la réserve du premier est égale dans ce cas aux droits héréditaires, à leur défaut la réserve du père et de la mère est de la moitié de leurs droits héréditaires.

Si le disposant ne laisse ni descendans ni ascendans, il peut disposer par acte entre vifs ou testamentaire de la totalité de ses biens.

En disposant à titre gratuit d'un usufruit ou d'une rente viagère, il est assez difficile de savoir si la valeur excède la portion disponible, la loi n'a pas voulu que les donataires de l'usufruit ou de la rente viagère, puissent se plaindre; elle leur a donné l'option ou d'exécuter cette disposition, ou de faire l'abandon de la propriété, de la quotité disponible, elle a ainsi tranché toute difficulté.

De la Réduction des donations et des legs.

La faculté de disposer n'étant limitée que dans l'intérêt des héritiers, et pour leur assurer une portion dans la succession, et cette portion ne pouvant être exigée qu'à la mort du disposant, il s'ensuit que les héritiers à réserve n'ont de droit qu'à cette époque, de là il suit qu'eux seuls peuvent demander la réduction.

Pour opérer cette réduction, il faut former un corps de tous lss biens existans au décès du disposant, et y réunir fictivement ceux dont il a dejà disposé par donation entre-vifs, soit en faveur des étrangers, soit même en faveur des héritiers. On calcule ainsi tous ses biens après en avoir déduit les dettes, et on voit alors clairement si les libéralités excèdent ou non la quotité disponible.

Les biens doivent être évalués d'après leur valeur à l'époque de la donation, et au temps du décès du donateur.

On commence alors par déduire de la masse les frais funéraires et les dettes; les donations entre-vifs ne doivent se réduire qu'après les legs , on remonte des dernières donations aux plus anciennes. Il se présente cependant un cas où une donation, quoique excessive , échappe à la réduction ; c'est lorsqu'elle a été faite à un successible, pourvu que dans la succession il se trouve des biens de la même nature que ceux qu'il a reçus , autrement il se touverait plus avantagé que les autres.

Si les donations entre-vifs excèdent la quotité disponible, toutes les dispositions testamentaires sont considérées comme non écrites.

La réduction des legs, à la différence des donations entre-vifs, se fait au marc le franc, c'est-à-dire proportionnellement à leur valeur. Cependant le testateur peut vouloir qu'un legs soit acquitté de préférence à tous les autres. Ce legs ne sera alors réduit qu'autant que la valeur des autres ne remplirait pas la réserve légale.

Jusqu'au moment du décès , le donataire a possédé de bonne foi , il a dû faire les fruits siens ; mais dès l'instant du décès, l'héritier est saisi, et s'il forme sa demande dans l'année , les fruits lui seront dus à partir de ce décès ; sinon , il ne les devra que du jour de la demande.

Si les immeubles doivent rentrer dans la succession par l'effet de la réduction, ils doivent y rentrer sans charges , dettes ou hypothèques créées par le donataire , à moins que le donateur ne les eût créées avant la donation. Les donataires n'ont pu transmettre d'autres droits qu'ils n'en avaient eux-mêmes ; aussi la revendication peut s'exercer contre les tiers détenteurs de ces immeubles, mais, neanmoins , à cause de la bonne foi qu'ils auraient eue en acquérant l'immeuble, la loi a voulu qu'on ne pût les attaquer qu'après avoir discuté les biens du donataire. C'est seulement lorsque ce prix sera insuffisant, que la revendication prescrite contre les tiers devra avoir lieu.

CODE DE PROCÉDURE.

Liv. ii, Tit. xii. — *Des Enquêtes.*

L'enquête est l'audition des témoins sur des faits avancés par une partie et méconnus par l'autre.

Il n'est pas toujours permis de recourir aux enquêtes ; la loi se défiant de la preuve teetimoniale qu'il est souvent trop facile de se procurer à prix d'argent, ne l'admet eñ principe général que jusqu'à concurrence de la valeur de 150 fr., à moins qu'il ne s'agisse de matières commerciales. Mais lorsqu'il existe un écrit, aucune preuve par témoins n'est admise contre et outre le contenu des actes, lors même que l'objet serait d'une valeur inférieure à 150 fr. Il y a en_ core une exception à la prohibition générale lorsqu'il, existe un commencement de preuve par écrit, et qu'on n'a pu se procurer cet écrit; enfin, lorsque par un cas fortuit la preuve littérale a été perdue.

On distingue deux sortes d'enquêtes, l'enquête verbale et l'enquête par écrit. C'est de cette dernière que nous avons à nous occuper.

De l'Enquête par Ecrit.

Il semble au premier abord que des certificats auraient bien pu remplacer les dispositions verbales ; mais on reconnaîtra nécessairement l'utilité des enquêtes, si on pense que des certificats peuvent être, comme cela arrive ordinairement, l'œuvre de la complaisance ; tandis qu'au moyen des enquêtes, le législateur a eu pour but la plus grande exactitude des déclarations, et d'empêcher qu'elles ne soient calquées sur des mouvemens et des sentimens opposés à ceux de la justice.

Les faits dont une partie demande à faire preuve, doivent être articulés succinctement par un simple acte de conclusion sans écriture ni requête. Ils doivent être déniés dans les trois jours, sinon ils pourront être tenus pour confessés ou avérés. Il y a cependant trois exceptions à cette dernière règle. Lorsque l'affaire intéresse l'ordre public, quand une affaire intéresse un mineur ou un interdit, et quand le silence peut nuire à des tiers.

Le tribunal doit alors examiner si les faits sont admissibles ou s'ils doivent être rejetés comme invraisemblables et insuffisans pour la décision de la cause.

Si l'enquête est admise, le jugement d'admission doit contenir les faits à prouver, la nominatiou d'un juge devant lequel l'enquête sera faite. Ce juge peut néanmoins être refusé par les parties, et pour les mêmes causes que les autres juges, pourvu que la récusation soit faite dans le délai de trois jours.

L'enquête doit commencer dans les délais fixés par la loi ; ces délais doivent être très courts pour éviter la corruption des témoins. Mais ils varient suivant que l'enquête est faite au lieu même où le jugement a été rendu, ou bien dans la distance de trois myriamètres. Dans le premier cas, elle doit commencer dans la huitaine du jour de la signification à avoué s'il y en a un, ou bien de la signification faite à personne ou à domicile ; dans le deuxième cas, c'est le jugement qui doit fixer le délai dans lequel l'enquête doit être faite.

L'enquête est censée commencée, pour chaque partie respectivement, par l'ordonnance qu'elle obtient du juge-commissaire à l'effet d'assigner les témoins aux jours et heures indiqués : à cet effet, il faut leur donner copie du dispositif du jugement relatif aux faits à prouver, ainsi que de l'ordonnance du juge-commissaire, qui constitue le mandat de justice en vertu duquel ils sont appelés. Les témoins seront obligés de se rendre au lieu indiqué par le juge-commissaire. S'ils y manquent, ils peuvent être condamnés par ordon-

nance du juge-commissaire, à une somme qui ne peut être moin_
dre de 10 fr. , ni excéder 100 fr. , au profit de la partie, à titre de
dommages et intérêts. Les témoins défaillans doivent être réassignés ,
ils peuvent même être contraints par corps s'ils ne se rendent pas.
Ils doivent être entendus séparément en présence des parties , sans
lire aucun projet écrit.

Les témoins commes les juges doivent être reprochés. Les repro-
ches doivent être circonstanciés, et non en termes vagues et géné-
raux. Ils doivent être pertinens et consignés dans les procès-verbaux.
Ils sont proposés par la partie ou par son avoué avant leur déposition , excepté cependant le cas où ils sont proposés par écrit , parce
qu'alors on ne peut pas croire que leur déposition soit la seule cause
du reproche. Néanmoins , le témoin reproché peut être entendu
sauf à avoir à sa déposition tel égard que de raison.

CODE DE COMMERCE.

Liv. 1ᵉʳ, Tit. ii. — *Des Livres de commerce.*

Personne ne peut se créer un titre à soi-même , cependant la
bonne foi et la célérité qu'exige le commerce , ont fait naître une
exception en faveur des commerçans dont les livres sont régulièrement tenus. La conscience d'un commerçant doit être toute entière
dans ses livres, a dit un orateur du gouvernement ; de là l'impor-
tance attachée aux livres de commerce.

Parmi les livres que doit avoir un commerçant on en distingue
trois principaux, savoir : le livre-journal, le livre des copies de
lettres et le livre des inventaires, tous ces livres doivent être cotés,
paraphés et visés dans la forme ordinaire et sans frais, soit par

un juge du tribunal de commerce, soit par le maire de la commune ou son adjoint.

Mais les commerçans sur le point de faillir pourraient fabriquer d'autres registres, et échapper ainsi aux inductions qui résulteraient des véritables registres; la loi, pour prévenir toute fraude à cet égard, a voulu que le livre-journal et le livre des inventaires fussent paraphés et visés une fois chaque année.

Tous ces livres doivent être tenus par ordre de date, sans blanc, sans lacune et sans aucun transport en marge. Ils doivent être régulièrement tenus sous peine par le commerçant d'être déclaré et poursuivi comme banqueroutier frauduleux, s'il vient à éprouver des malheurs.

Tous ces livres régulièrement tenus peuvent être admis par le juge pour faire preuve entre commerçans pour faits de commerce, sans cependant être obligé de les admettre toujours comme preuve.

TITRE IV. --- *Des conventions matrimoniales.*

Il peut être souvent très important pour les tiers qui traitent avec un commerçant, de connaître les rapports qui existent entre ce commerçant et son conjoint; aussi la loi a-t-elle établi art. 67 que tout contrat de mariage entre époux dont l'un est commerçant à l'époque du mariage, doit être transmis par extrait, dans le mois de, sa date, aux greffes et chambres désignés par les art. 872 du code de procédure civile, pour être exposé sur un tableau à ce destiné, pendant un an dans l'auditoire du tribunal. Cet extrait doit aussi contenir le régime. sous lequel les époux sont mariés; pour assurer l'exécution de cette formalité, la loi prononce des peines graves contre le notaire qui a reçu le contrat sans opérer cette remise.

Des séparations de biens.

Les époux mariés sous le régime de la communauté ne peuvent opérer une séparation volontaire; elle ne peut être demandée que par la femme, encore même faut-il que pour qu'elle puisse intenter cette action, sa dot soit en péril, et que les désordres des affaires du mari donnent lieu de craindre que ses biens ne soient pas suffisans pour remplir les droits et les reprises de la femme.

La demande en séparation de biens entre commerçans doit être poursuivie devant les tribunaux civils , instruite et jugée comme celles qui sont dirigées contre les individus non commerçans.

Le jugement qui la prononce doit être lu publiquement à l'audience du tribunal de commerce et soumis aux formalités énumérées dans l'art. 872 du cod. de procédure civil. à défaut de quoi ; les créanciers sont toujours admis à s'y opposer, pour ce qui touche leurs intérêts et à contredire toute liquidation qui en aurait été la suite.

Cette thèse sera soutenue le 7 août 1835 , à 10 heures du matin.

Vu par le Président de la Thèse ,

MALPEL.

Toulouse.—Imprimerie de Marie ESCUDIER, rue St-Rome, nº 26.

9 782019 994235